보도 섀퍼
Bodo Schäfer

JN413062

독일 출신의 세계적인 동기부여 전문가이자 경영 컨설턴트. 지금껏 그가 출간한 책들은 30개 이상의 언어로 번역되었고, 전 세계 주요 베스트셀러 차트를 석권하며 밀리언셀러가 되었다. 대표작으로는《보도 섀퍼의 이기는 습관》,《멘탈의 연금술》,《보도 섀퍼의 돈》,《열두 살에 부자가 된 키라》 등이 있다.

세계 전역을 순회하며 '경제적 자유'와 '성공하는 삶의 가치'를 전파해온 그는 단순히 강연을 하는 데 그치지 않고, 사람들의 멘탈과 행동을 실질적으로 변화시키는 데 주력해왔다. 수많은 젊은 독자들의 삶을 극적으로 바꾸고, 장기적인 성공과 성장의 길로 안내하는 멘탈 코치로서 명성을 이어가고 있다.

보도 섀퍼 멘탈의 연금술 365

1판 1쇄 발행 2025년 11월 10일

지은이 보도 섀퍼
옮긴이 박성원
발행인 오영진 김진갑
발행처 토네이도미디어그룹(주)

책임편집 박수진 | **기획편집** 유인경 박은화 김예은 | **디자인팀** 김현주 강재준
마케팅팀 박시현 박준서 김수연 박가영 | **경영지원** 이혜선

출판등록 2006년 1월 11일 제313-2006-15호 | **주소** 서울시 마포구 월드컵북로5가길 12 서교빌딩 2층
원고 투고 및 독자 문의 midnightbookstore@naver.com | **전화** 02-332-3310 **팩스** 02-332-7741
블로그 blog.naver.com/midnightbookstore | **페이스북** www.facebook.com/tornadobook

ISBN 979-11-5851-332-0 (00190)

MENTALE ALCHEMIE

보도 섀퍼
멘탈의 연금술
365

보도 섀퍼 지음 | 박성원 옮김

TORNADO
토네이도

값 22,000원
ISBN 979-11-5851-332-0 (00190)

한국어판 서문

친애하는 한국 독자 여러분께

26살의 저는 두려움에 가득 차 있었고, 실패 직전에 몰려 있었으며 가진 돈도 없었습니다. 학교 생활에서도 성공은 제게 너무 먼 이야기처럼 느껴져 모든 희망을 거의 포기한 상태였습니다.

하지만 어느 순간 제 삶은 조금씩 달라지기 시작했습니다. 문제들을 오히려 황금으로 바꾸는 방법, 바로 멘탈의 연금술을 발견했기 때문입니다. 이 멘탈의 연금술을 꾸준히 훈련하면서 제 인생은 완전히 변했고, 저는 이것이 여러분의 삶에도 놀라운 변화를 가져다줄 수 있다고 믿습니다.

성장의 마법은 꾸준함에 있습니다. 위대한 변화는 작은 실천이 하루하루 쌓이면서 만들어집니다. 이 일력이 여러분의 매일을 새로운 도전으로 이끌어주기를 바랍니다.

하루 한 장 속에 담긴 짧은 생각과 기억할 만한 문장, 그리고 바로 실천할 수 있는 작은 행동은 결국 여러분의 마음가짐과 습관을 단단하게 만들어 줄 것입니다. 그 과정은 결국 '멈추지 않는 힘'을 길러줄 것입니다.

제가 한국인들에게 가장 감동받는 것은 사람들의 에너지와 야망입니다. 끊임없이 배우고, 혁신하며, 절대 포기하지 않는 정신 말입니다. 그 정신과 함께라면 여러분은 분명 놀라운 성취를 이룰 수 있을 것입니다. 진심을 담아 언제나 여러분을 응원하겠습니다.

늘 여러분 곁에서

보도 섀퍼

Bodo Schäfer

옮긴이
박성원

이화여대 독문학과를 졸업하고, 한국외국어대 통역번역대학원에서 동시통역을 전공했다. 2005년 프랑크푸르트 국제도서전에서 '한국의 책 100' 번역자에 선정되었다.

옮긴 책으로《내가 혼자 여행하는 이유》,《마음의 오류》,《모두가 열광하는 셀프 마케팅 기술》,《리더십: 소크라테스부터 잭 웰치까지》,《지구는 왜 점점 더워질까》,《보도 섀퍼의 이기는 습관》,《멘탈의 연금술》,《머니 파워》 등 다수가 있다.

목차

MENTALE ALCHEMIE

1

꿈을 마음껏 펼쳐라!
스스로 저지하지 않는 한
그 무엇도 당신을 저지하지 못한다.

DECEMBER

31

기적은 우연이 아니라,
스스로 행동하는
사람에게 일어난다.

JANUARY

2

당신은
목표를 달성할 것이다.
그리고 모든 꿈을 이룰 것이다.

30

문제는 존재하지 않는다.
존재하는 것은
그저 상황과 재료일 뿐이다.
그것으로 무엇을 할지는
당신이 결정하라.

3

어떠한 문제도, 어떠한 두려움도,
어떠한 무력감도, 어떠한 장애물도
당신을 막을 수 없다.

29

삶의 여정에서 마주치는 어려움은
문제처럼 보이지만,
실제로는 성공의 기반을 만드는
재료가 된다.

4

당신은
자신의 뜻을
관철시키는 사람이 될 수 있다.

28

가시덤불도 당신의 성공을
방해하지 못할 만큼
씨를 넉넉하게 뿌려라.

JANUARY

5

용기 있는 사람은
두려움이 없는 사람이 아니라,
두려움을 안고도
한 걸음을 내딛는 사람이다.

27

승리를 위한 것이 아니라
패배하지 않기 위한 경기는 하지 마라.
그저 그런 경기는
당신의 잠재력을 낭비할 뿐이다.

6

무엇인가를 포기하려는 순간이야말로
제대로 도약해야 할 때다.

26

문제 해결의 핵심은
단순히 몇 번 시도하는 것이 아니다.
진짜 중요한 것은
성공으로 이어지는
루틴을 만드는 것이다.

7

성공에 이르는 길에서
가장 중요한 것은
끝까지 버티는 것이다.

25

어려운 문제를 해결해야 할 때는
루틴을 만들어라.
루틴은 하나의 시스템으로
언제 무엇을 할지 명확한 기준이 된다.

JANUARY

8

끝까지 버티는 사람은
승자가 되고,
중도에 포기하는 사람은
결코 승리하지 못한다.

24

해법을 반복해서 찾아라.
문제를 해결할 때는 충동적이 아닌
체계적인 접근이 필요하다.

9

인생은 계단과 같다.
멈춘 것처럼 보이는 순간조차
다음 도약을 준비하는 시간이다.

DECEMBER

23

인생에서 염려와 걱정을
완전히 없앨 수는 없다.
부정적인 감정도 마찬가지다.
이를 받아들인다고 해서
당신이 실패한 것은 아니다.

10

포기는
잠재력을 온전히 펼치려는 여정에서
만나는 가장 큰 덫이다.

22

좌절은 사고가 긴장한 상태다.
스스로 긴장을 풀면 좌절감이 사라지고
여유가 찾아온다.

JANUARY

11

단 한 번도
'포기할까?'를
고민해보지 않은 사람은
이 세상에 없다.

21

걱정과 염려에 시간을 쏟지 마라.
집중할수록 인생에서
점점 더 크게 자리 잡는다.

12

모든 성공에는
대가가 따른다.
그것은 바로 인내심이다.

20

걱정과 부정으로
자신을 프로그래밍 하면
현실에서도 같은 시나리오가
반복될 수밖에 없다.

13

어둠이 가장 깊어지면
곧 아침이 밝아온다.

19

자기 확신을 과소평가하지 마라.
가능성에 대한 상상은
생각과 감정, 행동과 결정을 움직여
결국 미래를 만든다.

14

실망과 의심이라는
안경을 쓰면
세상을 정확하게 볼 수 없다.

18

자신만의 해피엔딩을 반복해 떠올리면
머릿속에 새로운 연결망이 생긴다.
처음에는 좁고 엉성하지만,
시간이 지나면
초고속 광대역망처럼 확장된다.

15

무슨 일을 하든
가장 결정적인 힘은
인내심이다.

17

성공과 실패는 게임일 뿐이다.
일은 성공할 수도 실패할 수도 있다.
성패를 판단할 때는
현재만 보지 말고 미래를 생각하라.

16

포기하려는 사람은
단지 자신을 이끄는 법을
아직 배우지 못한 사람이다.

16

당신을 두렵게 한다면
그것은 시도할 가치가 있는 일이다.

JANUARY

17

아무도 포기한 사람을 기억하지 않는다.
잠시 울고, 소리치고, 회의감이 들 수는 있다.
하지만 그 순간이 지나면
다시 하던 일을 이어 가라.

DECEMBER

15

어떤 문제가 생기더라도
평정심을 유지하고
그 속에서 유익을 찾아라.

18

가벼운 아령으로는
근육을 키울 수 없다.

DECEMBER

14

성실한 사람은
적이 나타나도 흔들림 없이
꾸준히 씨를 뿌린다.

JANUARY

19

우리가 성장하려면
'성공과 실패'
2가지가 모두 필요하다.

DECEMBER

13

성공을 거두는 사람은
항상 적이 생기기 마련이다.
이것은 자연의 법칙이다.

우리는 각자
자신의 비를 직접 맞아야 한다.
성장하려면 저마다
자신만의 어려움을 겪어야 한다.

12

좌절감이 들 때는
청소, 운동, 산책, 정리와 같은
사소한 일에서
마음의 안정을 찾아라.

21

우주는
늘 각자의 성장에 필요한 과제를
정확히 보내준다.

11

크고 작은 문제에 직면해도
두려워하지 마라.
그것은 성공으로 가는 길의
한 부분일 뿐이다.

22

사람들은 본능적으로
조금이라도 쉬운 과제를 선택하려고 한다.
하지만 그러면 성장할 수 없고,
잠재력을 최대한 발휘할 기회도 놓치고 만다.

10

충분히 큰 목표를 가진 사람에게
문제는 성공으로 가는
디딤돌이 된다.

23

좌절을 느낄 때일수록 행동하라.
움직일 때 결과를 만들고,
다시 앞으로 나아갈 힘을 되찾을 수 있다.

DECEMBER

9

높은 목표가
당신을 한 단계
성장시킨다.

JANUARY

24

포기라는 선택지는

더 이상 존재하지 않는다고 생각하라.

DECEMBER

8

지금 당신에게 필요한 것은
용기와 응원을 주는 사람이다.
무엇보다 성공한 사람의
시각이 필요하다.

JANUARY

25

방어적인 태도가 습관이 되게 하지 마라.
걱정과 포기가 자연스러워지고
결국 '미지근한' 삶을 살게 된다.

7

지금 문제에 직면해 있다면,
실패한 사람들과의 대화는 피하라.
그것은 당신의 걱정에
거름을 뿌리는 것과 같다.

26

포기를 모르는 사람의
꺼지지 않는 열정은
주변 사람들까지 함께 이끌어 간다.

DECEMBER

6

성공하지 못한 사람은
당신에게 충고할 권리가 없다.
그리고 당신에게는
그 조언을 들을 이유가 없다.

27

당신이 될 수 있는
최고의 존재가 되라.

DECEMBER

5

실패한 사람은
무엇을 하지 말아야 되는지만 말한다.
성공한 사람은
목적지로 가는 길을 직접 보여준다.

28

'당신은 성공을 위해
대가를 치를 준비가 되었는가?'
이 질문에 대한 답이
미래를 맞이하는 태도가 된다.

4

실패한 사람은
타인의 계획을 비웃고,
성공한 사람은
그 어떤 위대한 계획도
존중한다.

29

'목표를 달성하기 전까지
절대 포기하지 않겠다'는
결심이 없다면 시작의 의미가 없다.

3

성공한 사람의 기준을
어디에 둘 것인가?
과거의 성취만 보지 말고,
지금 어떻게 살고 있는지
모범이 될 만한지를 보라.

30

'끝까지 해내겠다'는 다짐이 없다면
당신의 시간뿐 아니라
당신을 믿어주는 사람들의 시간까지
허비하게 된다.

2

포기가 대안이 되어선 안 된다.
잠시 멈춰 쉬거나, 몇 발자국 물러서서
도움닫기를 해도 된다.
그러나 절대 포기하지 마라.

JANUARY

31

가장 깊은 골짜기는
정상 바로 옆에 있다.

DECEMBER

1

불가능에 도전하는 사람에게는
경쟁자가 없는 것이나 다름없다.
그래서 '불가능한 일'도
생각만큼 어렵지 않을 수 있다.

FEBRUARY

1

자신에 대한
자부심을 갖고 싶다면
결코 포기하지 마라.

30

생각을 바꾼다고
모든 장벽이 사라지진 않지만,
작은 걸림돌은 생각 하나로
넘어설 수 있다.

2

생각보다 현실은
훨씬 혹독할 수 있다.
하지만 혼란과 실망 속에서도
버티는 사람만이
진짜 변화를 만들어낸다.

29

문제와 장벽은 모두 선물이다.
넘어서는 과정에서 우리는 성장하고,
진정한 자신을 발견한다.

3

중요한 사람이 되고 싶다면,
중요한 자리에 서고 싶다면,
인내심을 발휘해야 한다.

28

인생에서 장벽을 마주하면
먼저 '고맙다'고 말하라.
해법에 집중하면 장애물조차
성공의 밑거름이 된다.

4

지금 포기한다면
당신이 충분히 이룰 수 있는 성공을
경험하지 못할 것이다.

27

어려운 상황이 와도
나는 충분히 대처할 수 있다.
새로운 환경에서도
긍정적인 면을 발견할 수 있다.

5

버티는 것 자체가
우리가 완수해야 할 과제다.

26

최악의 경우를 상상해보자.
'긍정에 집중하라'는 말과 모순처럼 보이지만
직접 해보면 그 힘을 알게 된다.
'끔찍한 상황 속에서도 삶은 계속된다'는
깨달음이 온다.

6

포기하지 않기로 결심한 사람은
에너지를 낭비하지 않고
목표를 향해 꾸준히 나아간다.

25

"

부정적인 면에만 집중하는 것은
이로움이 전혀 없다.
그것은 영혼을 흔들고,
계획과 자의식마저 무너뜨린다.

"

7

인생에는
모든 것이 가능한 여름이 있지만,
아무것도 할 수 없는 겨울도 있다.

24

당신이 긍정적인 사람이 될지
부정적인 사람이 될지는
훈련과 습관에 달려 있다.

8

성공하는 사람은
풍요의 여름과 시련의 겨울이
반드시 교차한다는 사실을 안다.

23

매일 성공일기를 써라.
그러면 삶의 초점이
자연스럽게 자신의 성공과
세상에 대한 긍정으로 옮겨 간다.

FEBRUARY

9

성공하는 사람은
겨울이 찾아와도 낙담하지 않고,
오히려 힘든 시기를 통해
문제에 대처하는 법을 배운다.

22

매일 성공한 일 5가지를 기록하라.
수천 년 동안 수많은 사람들이
성공일기를 통해
행복과 성취를 경험했다.

10

성공하는 사람은
어떤 겨울도 영원히 지속되지 않는다는 것을 안다.
그래서 겨울을 개인의 실패가 아닌
시스템의 일부로 받아들인다.

NOVEMBER

21

오늘 할 일에 집중하면
하루 목표를 달성할 수 있다.
그 과정을 매일 반복하면
긴 여정도 끝까지 완주할 수 있다.

11

어떤 일을 제대로 끝내지 않으면,
그 일은 그림자처럼
끊임없이 따라다닌다.

20

앞날의 모든 과제를 떠올리면
주눅이 들기 마련이다.
하지만 오늘 할 일에 집중하면
해낼 수 있다.

12

고통 뒤에는 의미가 있고,
갈등 뒤에는 이유가 있으며,
모든 것을 버텨내고 나면
선물이 있다.

NOVEMBER

19

과거를 받아들이고
긍정적인 라벨을 달아
기억 은행에 예금하듯 축적하라.
부정적 감정 대신
교훈을 남겨라.

FEBRUARY

13

인내심을 발휘하는
사람만이 성장한다.

18

아무것도 하지 않으면
염려와 걱정의 포로가 되고 만다.
자유를 원한다면
항상 적극적으로 행동하라.

FEBRUARY

14

도망치는 것은
자신의 잠재력을 끝까지 펼친
미래의 자신을 외면하는 것이다.

17

결정과 실행이 완벽하지
않을 수 있어도
아무것도 하지 않는 것보다는
훨씬 안전하다.

FEBRUARY

15

성공하는 사람들은
문제와 불운을 일종의 알람 장치로 여긴다.
그리고 성장의 기회로 받아들인다.

16

걱정이 현실이 된 순간에도
지금까지 잘 이겨내왔다.
통제하지 못한 일에서도
중요한 교훈을 배울 수 있었다.

16

환경은 저절로 바뀌지 않는다.
내가 변할 때 비로소 변한다.

15

우려와 걱정은 허상일 뿐
현실이 될 가능성은
거의 없다는 것을 기억하라.

17

성장을 하려면
배울 준비가 되어 있어야 한다.

14

지금까지 당신은
많은 것을 이루어냈고,
계속 발전해왔다.

FEBRUARY

18

어떤 일을 해낼 능력이
이미 충분하다면
그 일은 자신에게 너무 쉬운 것일 수 있다.

13

차분히 지난 시간을 돌아보라.
'그동안 어떤 배움의 기회가 있었는가?'
'누구를 만날 기회가 있었는가?'
'진정 친구라 부를 사람이 있는가?'

19

포기한 사람은
자신이 하루만 더 버티면
그 일을 해냈을 수도 있었다는 사실을
결코 알지 못한다.

NOVEMBER

12

"

문제가 크든 작든
잠시 멈춰 감사한 마음을 가져라.
지금까지 무엇을 해냈고,
무엇을 소유하고 있는지 돌아보라.

"

20

인내심은 3가지로 길러진다.
맡은 일에 책임을 지는 용기,
자신에 대한 믿음,
그리고 행동의 분명한 이유.

11

우리가 느끼는
다양한 감정들은
삶이 보내는 중요한 메시지다.

21

책임을 다하는 사람은 변명하지 않는다.
책임은 언제나 자기 몫임을 안다.

10

염려는 현재의 과제 대신
미래에 대한 걱정에
에너지를 쏟는 것이다.
그 사이 우리는
한 발짝도 나아가지 못한다.

22

우리가 처한 상황은 단지 자극에 불과하다.
그 자극에 어떻게 반응하고
무엇을 선택할지는
오직 자신에게 달려 있다.

9

어떻게 해도 소용이 없었다면
지금까지 소용없는 방식만
고집해온 건 아닌지 돌아보라.

FEBRUARY

23

포기하고 싶은 유혹에서 벗어나는
가장 확실한 방법은
추진력을 높이고 유지하는 것이다.

8

우리의 소망과 걱정은
지금 이 순간 우주에 스치는
산들바람에 불과하다.
이 사실을 깨달을 때
더 자유롭고 담담해질 수 있다.

24

추진력을 높여 놓으면
모든 일이 저절로 굴러간다.
크고 작은 방해물은
더 이상 문제가 되지 않는다.

NOVEMBER

7

습관이 자리 잡으면
힘든 일도 점차
즐거움으로 변한다.

FEBRUARY

25

두꺼운 담장도 기차의 질주를 막을 수 없다.
달리는 기차가 강한 이유는 추진력 때문이다.
그 힘이 모든 장애물을 뚫고
앞으로 나아가게 한다.

6

앞으로 나아가기 위해서는
엄격한 훈련이 필요하다.

FEBRUARY

26

나는 그 일이
가능한 것인지 묻지 않는다.
우리가 그것을 해낼 것이라고 말한다.

NOVEMBER

5

많이 연습할수록 능숙해지고,
능숙함은 더 나은 결과를 만들며,
좋은 결과는 더 큰 원동력이 된다.

27

시험 삼아 일어나 보는 것은 없다.
자리에서 일어나든
그대로 앉아 있든
선택은 오직 둘 중 하나뿐이다.

4

성공한 사람들은 완벽한 전략을
찾으려고 애쓰지 않는다.
완벽한 전략은 추진력을 통해
만들어진다는 사실을 알기 때문이다.

FEBRUARY

28

지나친 걱정은

아무것도 제대로 하지 못하게 만들고

늘 지치게 한다.

3

성공의 절대 조건은
완벽한 전략이 아니다.
오늘날 성공한 기업들은
자신에게 맞는 전략을 찾기 전까지
수많은 전략을 시험해왔다.

FEBRUARY

29

추진력을 확보하면
남들이 보지 못한 길이 열린다.
기대 이상의 성과가
우리를 찾아온다.

2

결과는 행동에서 나온다.
모든 성과는 바로
그 행동이 만들어낸 것이다.

MARCH

1

일단 시작하는 것이 중요하다.
그 추진력이 우리를 앞으로 밀어준다.

1

인생은
장거리 달리기가 아니다.
수없이 이어지는
단거리 달리기다.

MARCH

2

제대로 속도를 내기 시작한 사람은
멈추는 것보다
계속 나아가는 것이 더 쉽다.

31

추진력은 언제나 성과를 만들어낸다.
작은 결과에 일희일비하지 말고
자신의 추진력 그 자체에 집중하라.

3

우선 시작하라.
완벽한 전략이 나올 때까지
기다리지 마라.

30

자동차를 살짝 밀어서는 움직이지 않는다.
한 번 굴러가면 쉬워진다는 사실조차 알 수 없다.
절반의 노력으로는
절반의 성공도 얻지 못한다.

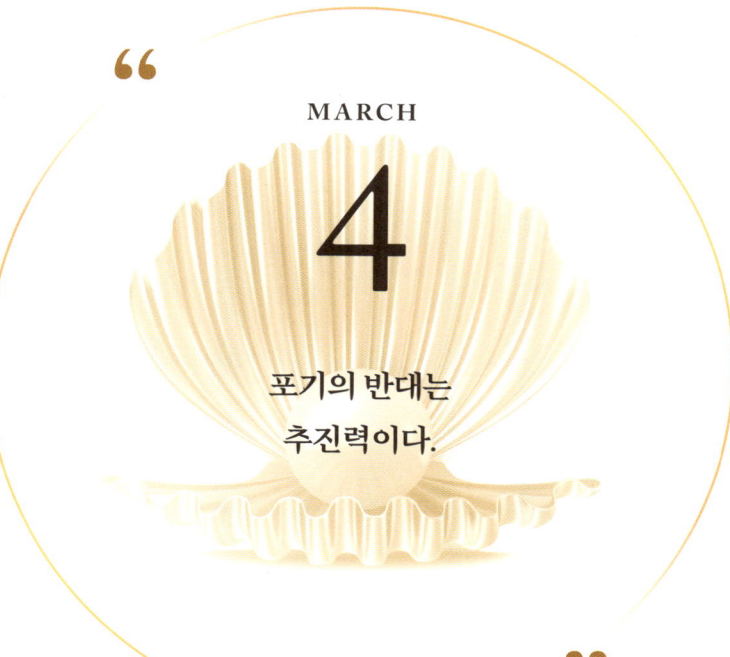

MARCH

4

포기의 반대는
추진력이다.

OCTOBER

29

무언가를 시험 삼아 해보는 것은
마치 장애물이 나타나
자신의 계획을 방해하기를
기다리는 것과 같다.

5

일에 전력을 다하지 않으면
최고의 결과를 얻을 수 없다.

OCTOBER

28

성공을 방해하는 생각 3가지
'한번 시험 삼아 해보지 뭐.'
'최선을 다할 필요는 없어.'
'일은 오직 결과만 중요해.'

6

의미 있는 일을 시작하려면
많은 시간과 노력이 필요하다.
하지만 일단 시작하면
당신 외에는 그 누구도 멈출 수 없다.

OCTOBER

27

적에게 신경 쓰지 말고,
자신의 목표에 집중하라.

7

자신을 불운의 피해자로 여기지 않고,
모든 일에 의미가 있다고 믿는 사람은
흔들림 없는 마음을 유지할 수 있다.

26

한 가지 교훈을 깨닫고 나면,
어느새 다음 교훈이 모습을 드러낸다.
본래 인생이란 그런 것이다.

8

모든 일에서
배울 점을 찾는 사람은
결코 포기하지 않는다.

OCTOBER

25

다른 일을 마음에 두고서는
지금 하는 일을 제대로 할 수 없고,
신뢰도 얻기 어렵다.

9

추진력은
당신이 키워 나갈 수 있는
하나의 습관이다.

OCTOBER

24

원하지 않는 일에 마음을 쏟지 마라.
일어날 수 있는 모든 끔찍한 일을
상상하는 것도 멈춰라.

10

포기하지 않는 사람은
자신의 목표에 항상 도달한다.

23

자신의 하루 성과를 기록하라.
자신을 더 분명히 이해하게 될 것이다.

11

내가 성장할수록
문제는 점점 작아진다.

OCTOBER

22

자기 의심은
늘 타인과의 비교에서
비롯된다.

MARCH

12

절대로,
절대로,
절대로 포기하지 마라!

21

더 나은 상황을 기다리기만
해서는 성장할 수 없다.
현재 상황에서 최선을 다할 때
비로소 성장한다.

13

버텨라.
그러면 모든 방해는 더 이상 문제 되지 않고
잠재력을 온전히 발휘할 수 있게 된다.

20

정상을 지나면
다시 골짜기가 나오고,
골짜기를 지나면
다시 정상이 나오기 마련이다.

14

'만일 내가 그 일을 계속했더라면
어떻게 되었을까?'라는
후회가 남게 하지 마라.

19

성공하는 사람은
단계마다 찾아오는 어려움을 즐기며,
점점 더 높은 차원의 문제를
해결할 자신을 기대한다.

15

당신에게는
자신의 세상을
움직일 힘이 있다.

OCTOBER

18

인내심을 발휘하는 사람은
결정권을 쥔다.
그래서 문제를 통해
더 강해진다.

16

지금 당신이 바꿀 수 있는 것이
아무것도 없다면
염려하지 마라.

OCTOBER

17

문제에서 도망치지 마라.
더 강해지고
난관을 극복하는 것만이
최선이다.

17

불행한 일이 닥쳐도
그 속에서
긍정적인 교훈을 얻을 수 있다.

16

우리는 스스로 자신을 변화시키고
인생을 한 차원 높일 수 있다.

18

문제가 생기고
일이 잘 풀리지 않아도
나에게는 다시 방향을 잡고
밀고 나갈 힘이 있다.

OCTOBER

15

어둠이 가장 짙은 순간에
커다란 성공이
문 앞에서 기다리고 있다.

19

나는 할 수 있다.
지금까지 그래왔듯이.

OCTOBER

14

모든 것은 순환한다.
삶에서 중요한 문제들은 되풀이되며,
그 과정에서 우리는 성장한다.

MARCH

20

긍정적인 생각을 하면
부정적인 생각이 설 자리가 없다.

OCTOBER

13

가장 깊은 골짜기에 있을 때
남은 길은 가장 높은
정상으로 향하는 것뿐이다.

21

'하루 중 가장 마음에 들었던 일은 무엇인가?
그리고 무엇을 가장 잘 해냈는가?'
이 질문을 통해 삶의 긍정적인 면에
집중하는 연습을 할 수 있다.

OCTOBER

12

미래의 당신은
테이블의 반대편에 앉아
상황을 주도하게 될 것이다.

22

누구도 걱정을 완전히 없앨 수는 없다.
하지만 빛이 어둠을 덮듯
감사함으로 걱정을 뒤덮을 수는 있다.

OCTOBER

11

자신을 무장하고,
좌절을 견뎌낼 힘을 길러라.

MARCH

23

크고 작은 문제들이
사라지길 바라지 말고,
문제를 다룰 수 있는 힘을 키워라.

OCTOBER

10

우리에게 진정으로 필요한 과제는
때로 모두가 포기하고 싶을 만큼 어렵다.

24

압박감은 독이 될 수도
약이 될 수도 있다.
결정은 당신이 한다.

9

당신이 성장하기 위해서는
당시 그 문제가 반드시 필요 했다.

25

압박감은
당신의 잠재력을
허비하지 않도록 해준다.

OCTOBER

8

성과는
크고 작은 문제를
얼마나 잘 다루느냐에
달려 있다.

MARCH

26

당신은 진정한 프로인가?
자신을 어떻게 정의하는가?

7

문제가 어려울수록
우리는 더 강해지고,
더 큰 결실을 거둘 수 있다.

27

프로는 마음이 내키지 않을 때조차
최고의 결과를 낼 수 있는 사람이다.

6

비관적이고 부정적인
영향을 주는 것은
단호하게 차단하라.

MARCH

28

내가 이 일을 하루 더
해내지 못할 이유가 있는가?
오늘 다시 한 번만 해내면 된다.

5

나는 내 꿈을 넘어섰다.
과정은 예상보다 혹독했다. 이제야 그것이
반드시 치러야 할 대가였음을 안다.
그리고 그 대가를 치른 것이
다행이라고 생각한다.

29

나는 오늘 하루 할 일을
모두 해낼 수 있고,
이것을 매일 반복할 수 있음을 안다.

OCTOBER

4

성공하는 사람들은
자신에게 주어진 문제를 즐길 줄 안다.
나아가 그 문제들 덕분에
행복하게 살아간다.

목표가 막막하게 느껴질 때는
삶을 아주 작은 단위로 나누어 접근하자.

OCTOBER

3

문제를 다루는 방식은
삶을 쉽게 만드는 법이 아니라
흥미롭게 만드는 법이다.

31

아침마다 자신에게 질문하라.
'오늘 가장 중요한 일은 무엇인가?'
완수하면 저녁에 기분이 좋을 것이다.
매일 같은 질문을 반복하라.

OCTOBER

2

세상을 바라보는 방식이
바로 자신의 세상이 된다.

1

무언가에 집중하고
마음을 쏟으면
염려가 끼어들 틈이 없다.

OCTOBER

1

누구나 자신이 뿌린 씨를 거둔다.
좋은 씨를 뿌렸든 나쁜 씨를 뿌렸든
전부 자신이 거둘 수밖에 없다.

APRIL

2

다음 질문에 답해보자.
'요즘 무엇 때문에 가장 행복한가?'
'가장 감사한 점은 무엇인가?'
'나를 가장 사랑하고
지지해주는 사람은 누구인가?'

30

포기는 성장을 위해
반드시 자신이 거쳐야 할
과정을 회피하는 것에 불과하다.

APRIL

3

장벽을 만드는 재료와
성공으로 향하는 사다리를
만드는 재료는 동일하다.

SEPTEMBER

29

쉽게 포기하는 이유는
모든 일이
훨씬 더 빠르고 쉽게, 더 멋지게
진행될 것이라 생각했기 때문이다.

4

문제를 만날 때마다 질문하라.
'나는 이 일에서 무엇을 배울 수 있을까?'
'나는 어떻게 더 성장할 수 있을까?'
'무엇을 바꾸면 더 나은 내가 될 수 있을까?'

28

삶은 우리를
벌주지 않는다.
다만 가르칠 뿐이다.

APRIL

5

장애물을 만났을 때 필요한 것은
사고의 전환이다.
'장애물'이라 생각했던 것을
'기회'라고 여기는 것이다.

27

포기하면
절대 승리할 수 없다.
하지만 버티면
언제나 승리할 수 있다.

APRIL

6

당신에게
어떤 꿈이 있다면,
그 꿈을 이룰 능력과 기회도 함께 있다.

SEPTEMBER

26

당신의 문제를
어떻게 다룰지 결정하는 것은
오직 당신에게 있는
권리이다.

APRIL

7

우리가 주의를 기울이는 것은 힘이 더 커진다.
문제에 집중하면 문제가 커지고,
해법에 집중하면 해법이 드러난다.

SEPTEMBER

25

문제가 생겼을 때
자기 연민에 빠지지 마라.
어떤 도움도 되지 않고
에너지만 낭비할 뿐이다.

APRIL

8

어려운 상황일수록
문제에 매몰되지 말고
해법에 집중하라.

SEPTEMBER

24

사람은 자기 그릇이
허용하는 만큼만 부를 소유한다.
그래서 그릇이 작은 사람은
큰돈을 담을 수 없다.

APRIL

9

실패의 목소리에 귀 기울이지 마라.
그 걱정이 머릿속을
가득 채우게 두지 마라.

SEPTEMBER

23

나는 성공하기로 결심했다.
그러므로 반드시 인내할 것이다.

APRIL

10

소음을 차단하고,
당신이 목표로 하는 모습을
이미 실현한 사람들에게만 의견을 구하라.

22

인내는 값비싼 대가지만
그 보상은 더 크다.

APRIL

11

모든 것은 상대적이다.
문제가 있을 때는 목표를 더 높이 설정하라.
목표가 클수록 문제는 오히려 작아진다.

21

겨울이 혹독할수록
더 강해지고,
다가올 여름에 거둘 결실은
더욱 커진다.

APRIL

12

목표가 작은 사람에게는
사소한 문제 하나도 마치
세상에 종말이 온 것처럼 보인다.

SEPTEMBER

20

모든 일에는 사계절이 있다.
포기하고 싶어지는 겨울이 와도
나는 반드시 여름이
찾아온다는 것을 안다.

13

오늘 어떤 일이 일어나더라도
나는 하루를
멋지게 마무리할 것이다.

19

불평을 늘어놓는 사람들이 아닌
거친 파도를 꿋꿋이 견뎌내는 바위처럼
강한 책임감을 지닌 사람들과 협력하라.

APRIL

14

목표가 커질수록
우리의 삶도 커진다.

18

진정한 나만의 색깔과 힘은
어떤 일에 깊이 몰입할 때
만들어진다.

APRIL

15

자신이 좋아하는 것을 찾아라.
그렇지 않으면
자신의 진정한 능력을 알 수가 없다.

SEPTEMBER

17

일을 할 때는
넓게 펼치지만 말고
깊게 파고들어라.
그 순간, 삶이 훨씬 더 흥미로워진다.

APRIL

16

무언가를 실행하는 사람은
자신에게 힘이 있다는 것을 깨닫는다.
힘이 있으면 좌절할 일이 없다.

16

나는 잠재력을
모두 발휘하기 위해 인내할 것이다.
여기서 오는 만족감은 다른 것으로
결코 대신할 수 없다.

17

시간이 한참 흐른 뒤에야
무엇이 자신에게 진정한 도움이 되었는지
알게 될 때가 있다.

15

포기한다는 것은
단지 고통으로부터
도망치는 것이 아니라,
기쁨을 누릴 기회로부터도
도망치는 것이다.

APRIL

18

인생에서는
실패처럼 보이는 일이
뜻밖의 축복으로 바뀌는 경우가 적지 않다.

SEPTEMBER

14

결심이 흔들릴 때는
포기라는 선택지를 지우고
버틸 힘을 주는 사람들을 만나라.

APRIL

19

당신에게 중요한 일을
매일 반복하라.
그때 성공이 따른다.

13

포기하고 싶은 마음이 든다면
그것은 스스로 포기할 이유들을
미리 만들어 놓았기 때문이다.

APRIL

20

지나친 걱정은
당신에게 아무 쓸모가 없다.
대신 긍정적인 생각을 하라.

12

나는 이 일을 해야 한다.

나는 이 일을 할 수 있다.

나는 이 일을 해야 하는

이유를 알고 있다.

21

걱정이 될 때는 자신만의
해피엔딩 시나리오를 상상하자.
떨쳐낼 수는 없어도
생각만으로 염려를 덮을 수 있다.

SEPTEMBER

11

습관은 포기라는
유혹에 빠지지 않도록
우리를 지킨다.

APRIL

22

컨디션이 좋지 않을 때는
긍정적인 에너지를 주는
사람들을 만나라.

SEPTEMBER

10

나는 포기하는 사람은
끝까지 버텨내는 사람의 발끝에도
미치지 못한다는 사실을 안다.

APRIL

23

때때로 자신에게
하루를 온전히 선물하라.
자신을 돌보고
기분 좋은 일을 하라.

9

다양한 문제에 대해
질문하고 깊이 생각할수록
부를 쌓는 속도가 빨라진다.

APRIL

24

걱정은 머릿속에서 시작된다.
용기도 마찬가지다.

8

나는 이 문제를 해결하기 위해

필요한 일이라면

무엇이든 할 것이다.

APRIL

25

무슨 일이 있어도
흥분하지 마라.
모든 것은 관점에 달려 있다.

7

불필요한 걱정들이
내 삶의 주도권을
쥐게 하지 마라.

APRIL

26

만일 당신이
일의 처음과 끝을 모두 안다면,
무슨 일이 있어도
화내지 않을 것이다.

6

어떤 상황에서도
긍정적인 면을 찾으면
자신에게 충분한 힘이
있다는 것을 알게 된다.

APRIL

27

인생에
먹구름이 몰려와도
아름답고 밝은 면에 집중하라.

SEPTEMBER

5

두려움을
성장의 연료로 바꿔라.

28

모든 일을 너무 심각하게
받아들이고 싶지 않다면
이렇게 말하라.
"지금은 나의 태도를 훈련할 기회다."

SEPTEMBER

4

삶에서 소심한 태도를 취하는 것은
자신에게서 최고의 기회를
빼앗는 것이나 다름없다.

APRIL

29

걱정은 약처럼 용량이 중요하다.
지나치면 독이 되고,
전혀 없으면 경솔해진다.

SEPTEMBER

3

성공한 사람들은 끊임없이
새로운 과제와 문제를 찾아낸다.
이 과정에서 그릇이 점점 커진다.

APRIL

30

대부분의 문제는
어떻게든 해결이 된다.

2

한계에 도달하면 생각하라.
'어떤 해법이 있을까?
어떻게 계속 나아갈 수 있을까?'
그리고 방법을 찾아 나서라.

1

내가 할 수 있는
최선을 다하면
언제나 방법을 찾아낼 수 있다.

1

어려운 문제에 부딪힐 때마다
자신에게 물어보자.
"5년 후, 지금 이 문제는
어떻게 되어 있을까?"

MAY

2

자신만의 루틴을
만드는 것은 매우 중요하다.
습관화된 시스템은
훈련보다 더 강력하기 때문이다.

31

새로운 계획과
목표를 세울 때마다
'내가 이 일을 해낼 수 있는
이유는 무엇인가?'라고
자신에게 물어보자.

3

자신에게 도움이 되는 행동은
반드시 습관으로 만들어라.

30

나는 늘 행복하기만을
바라지 않는다.
부정적인 감정도
내 삶의 일부라는 것을 안다.

4

모든 성장에는
햇빛과 비가 필요하다.

29

걱정을 통제하고,
포기하지 않고,
문제를 해결하는 법을 배워라.
성공으로 가는 길은
결코 평탄하지 않다.

5

무거운 아령으로 근육을 키우듯
어려운 과제를 해결하면서
성장할 수 있다.

AUGUST

28

힘든 시간 속에서도
우리는 행복할 수 있다.
그 과정에서 일하는 방식을 개선하고
효율을 높이는 법을 배운다.

6

최악의 고통 뒤에는
금광이 숨겨져 있다.

27

걱정에서 벗어나는
가장 빠른 길은
신속하게 행동하는 것이다.
지금 바로
행동에 나서라!

MAY

7

때로는 실패도 필요하다.
그것이 우리를
더 강하게 만들기 때문이다.

AUGUST

26

죽음을 두려워하지 않는 사람은
삶도 더 이상 두렵지 않다.

8

실패는 사유의 깊이를 선물한다.
부유하지만, 나약하고 생각이 얕은 사람보다
견디기 어려운 것은 드물다.

AUGUST

25

죽음을 떠올리면
걱정은 작아지고, 삶은 더 소중해진다.
포기하고 싶은 마음은 사라지고
문제들은 힘을 잃어 무의미해진다.

9

어려운 과제가 주어지면
기꺼이 받아들이는 훈련을 하라.
사람들이 문제라 부르는 것은
사실 성장을 위한 과제다.

24

전혀 신경 쓸 필요조차 없는
문제들도 많다.
주어진 과제에 집중하라.

문제에 직면했을 때
아무런 행동도 취하지 않는 것은
절대 해서는 안 되는 선택이다.

AUGUST

23

당신은 지금 어떤 씨앗을
뿌리고 있는가?
그 씨앗에서 어떤 싹이 트고,
어떤 열매가 맺힐지 살펴보라.

11

현재의 것을 받아들이고,
과거의 것을 내려놓고,
미래에 올 것을 신뢰하라.

22

씨앗을 뿌린 지 이틀 만에
열매를 거둘 수 없는 것처럼
성장에는 끈기와 시간이 필요하다.

MAY

12

크고 작은 문제에
현명한 전략을 더할 때
성공이 실현된다.

AUGUST

21

노력하면 우주로부터
보상이 온다.
핑계만 대면
보상은 없다.

13

부자가 되고 싶다면
남들보다 더 많은 문제를 고민해야 한다.

AUGUST

20

최선을 다해 씨를 뿌려야만
열매를 거둘 수 있다.
보상은 끝까지 해낸 사람의 몫이다.

"

MAY

14

평균에 머무는 선택은
자신의 잠재력을 발휘할 기회를
스스로 저버리는 것이다.

"

AUGUST

19

우리가 하는 모든 일이
성공하는 것이 아니듯
뿌린 씨앗이 모두 열매를 맺지는 않는다.
씨앗을 가능한 한 많이 뿌려라.
하나만 심고 기다리지 마라.

15

케이크를 만들 때처럼
성공과 부에도 레시피가 있다.
훌륭한 코치들의 전략과 팁,
그리고 성공 철학이 바로 그것이다.

18

효율적인 루틴을 갖추고
추진력 있게 일하라.
그 순간 오직
과제와 몰입만 남는다.

16

자신의 문제에서
도망칠 수 있는 사람은 없다.
문제에게 제압당하거나
문제를 제압하거나 둘 중 하나다.

17

우리를 가로막는 것은
어려운 상황이 아니라,
이것을 대하는 자세다.
위험한 적은 외부가 아니라
내 안에 있다.

17

문제를 제압하는 법을 배우면
더 이상 어떤 것도
걸림돌이 되지 않는다.

16

성공한 사람들이 실수한 횟수는
보통 사람들의 평균을 훨씬 웃돈다.

18

당신은 어떤 습관을 갖고 싶은가?
계획하고 바로 실행하라.

15

새로운 어려움이 닥쳤다는 것은
그동안 성장해왔다는 증거다.
이제 다음 단계로
멋지게 도약할 자격을 갖춘 것이다.

19

문제를 다루는 법에 대해
배우지 않으면
삶은 늘 평균에 머물 것이다.

AUGUST

14

당신이 맞닥뜨릴 거절과 도전은
포기의 구실이 될 수도,
더 배우고 성장할 기회가 될 수도 있다.
선택은 오로지 당신이 한다.

20

"

당신은 불리한 상황을
황금빛 기회로 바꾸고,
쓰레기마저 황금으로 만들 수 있다.

"

AUGUST

13

타인을 바꿀 수도,
자연법칙을 바꿀 수도 없다.
당신이 바꿀 수 있는 유일한 것은
자신 앞에 놓인
문제의 크기뿐이다.

21

자신의 문제를 담아낼 만큼
그릇이 큰 사람은
언제든 기적을 만들 수 있다.

12

번데기를 뚫고 나오기 위한
나비의 투쟁은
생존에 필수적이다.
이 과정을 거치며
날개가 강해지기 때문이다.

22

가만히 앉아 기적을 기다리는 것은

TV로 올림픽을 보며

금메달을 꿈꾸는 것과 같다.

11

무중력 상태에서 장기간 머문 우주인들은
뼈가 약해져 쉽게 부러진다.
인간의 뼈가 하중을 받아야 하듯
강해지려면 외부 자극이 필요하다.

23

기적은 찾아오지 않는다.
두 손으로 직접 만들어내야 한다.

10

꾸준히 노력하지 않으면
제자리에 머물고
성장할 수 없다.

MAY

24

우리가 지금
각자의 자리에 있는 것은
저마다 특별한 의미와 이유가 있다.

9

꿈꾸기를 포기한 사람은
살아 있기를 포기한 사람이다.

MAY

25

목표를 종이에 쓰고

그 이유도 적어라.

거기서 힘이 나온다.

AUGUST

8

한 번 꿈을 포기하면,
새로운 꿈을 꾸는 일은
더 힘들어진다.

26

격정은 자유의 반대다.
경제적 자유를 원한다면
격정에서 벗어나는 법을 배워라.

7

문제가 많을 수 있지만
힘들어도 모두 해결할 수는 있다.
하지만 포기하면,
그것으로 끝이다.

27

자신에게 일어난 일을

평가하려 들수록

걱정이 늘어난다.

AUGUST

6

앞으로도 삶이 결코 쉽진 않을 것이다.
하지만 주어진 문제를 통해
성장하고 더 잘 극복하는 방법을
배울 수 있다.

MAY

28

상황 자체는 본래
좋지도 나쁘지도 않다.
어떻게 볼지는 오직
당신의 결정에 달려 있다.

5

여러 도전과 문제는
본질적으로 불편하다.
하지만 누구나 역량을 극한으로
시험받는 상황에서만
성장할 수 있다.

29

"

성공하는 사람은
세상의 모든 장애물을
황금으로 바꾸는
연금술에 통달해 있다.

"

4

삶은 때때로 고통스럽다.
하지만 그 순간이 찾아올 때
자신에게 필요한 변화를
비로소 받아들이게 된다.

30

자신과의 싸움,
자신이 완수해야 할 과제,
그리고 자신을 성장시켜 줄 문제에
정면으로 맞서라.

AUGUST

3

삶이 우리에게
신호를 보낼 때는 피하지 말고
그 속에 담긴 교훈이 무엇인지
고민해야 한다.

31

삶을 즐기되,
삶이 건네는 교훈은
가슴 깊이 새겨라.

2

모든 문제를 해결한 뒤에
삶을 즐기겠다고 마음먹으면
순간순간의 행복을 누리기 어렵다.

JUNE

1

쓰레기를 황금으로
바꿀 수 있다는 자신감을 가지면,
걱정은 더 이상
삶을 지배하지 못한다.

AUGUST

1

어떤 일을 하든
연금술사처럼 접근하라.
그러면 포기하고 싶은 마음과 두려움,
문제마저 황금으로 바꿀 수 있다.

JUNE

2

새로운 걸음을 내딛는데
걱정이 전혀 없다면,
그 걸음은 너무 작은 것이다.

JULY

31

과거에 집착하지 마라.
과거는 바꿀 수 없다.
해법에 집중하고
미래를 바라보자.

JUNE

3

나는 내게 닥친 어려움들을
모두 좋은 기회로 바꿀 수 있다.

30

문제 자체가 아니라
해결에 초점을 맞추는 순간,
더 이상 문제에 휘둘리지 않게 된다.

4

'지금은 위기다'라는 판단은
객관적인 현실이 아니라,
개인의 해석일 뿐이다.

29

문제를 통제할 수는 없어도
자신의 감정과 반응은 다스릴 수 있다.
여유로운 미소를 잃지 마라.
당신은 문제를 해결하는 사람이다.

5

어떤 상황을 걸림돌로 볼지
성공으로 향하는 계단으로 볼지는
나의 선택이다.

JULY

28

당신이 원하는 것이
연민이 아니라 존중이라면
자신을 무력한 피해자라 여기지 마라.

6

격정 때문에 몸을 사리는 사람은
새로운 역경이나 문제를
늘 부정적으로 평가한다.

27

당신의 삶에 대한 권리는
당신에게 있다.

JUNE

7

당신이 수많은 좌절에도
버텨낸다면
많은 것을 배우고
인생은 한 단계 도약할 것이다.

JULY

26

어떤 일을
불운이라 느끼는 이유는
전체를 보지 않고
일부만 보기 때문이다.

8

같은 상황도 보는 사람에 따라
완전히 다른 결론을 내릴 수 있다.

JULY

25

문제만 바라보면
그 뒤에 숨겨진
금광을 결코 발견할 수 없다.

9

목표를 이루어야 하는
충분한 이유를 만들어라.
이유가 없으면 크고 작은 염려가
언제든 엄습한다.

JULY

24

창의력을 발휘하고
새로운 도전을 시작하라.
자신의 한계를 넘어서라.

JUNE

10

문제와 상황을
자신에게 유리하게 해석하는 데
에너지를 쏟아라.
연금술사가 되어 보는 것이다.

JULY

23

문제는 당신 안에 있는
위대함을 발견하고,
잠재력을 허비하지 않게 만든다.

11

내가 갖지 못한 것과 할 수 없는
일에는 집중하지 하지 마라.
가진 것과 할 수 있는 일에 집중하라.

22

하나의 문제가
삶의 모든 영역에 영향을 주도록
허용하지 마라.

12

적군 6명을 혼자 상대하며
'수적 열세가 내 강점이다'라고 말한다면
미쳤다는 소리를 듣겠지만,
이러한 생각이 위대한 일의 시작이다.

JULY

21

문제를 과대평가하면
자신의 가치를 낮게 평가하게 되고,
삶을 통제할 수 없다고 믿게 된다.

13

우리는 쓰레기를 가지고
황금을 만들 수 있지만,
황금을 가지고
쓰레기를 만들 수도 있다.

20

당신 삶의 한 영역에
문제가 있다고 해서
삶 전체가
망가진 것은 아니다.

JUNE

14

성공한 사람들은
모두가 위기라고 생각하는 것을
한 번뿐이 없는 기회라 여긴다.

19

성공한 사람은 문제를 결코
최종 상태로 생각하지 않는다.
'상황은 바꿀 수 있다'고 믿으며,
해결할 방법을 찾는다.

JUNE

15

날씨가 좋을 때는
모두가 훌륭한 선장이다.
하지만 폭풍이 몰아칠 때도
선장이 되려면
더 많은 자질이 필요하다.

18

문제를 해결할 수 없다고 믿는 사람은
그저 주어진 상황에 순응하며
운명대로 살아간다.

16

위기의 순간조차
자신에게 필요한 긍정적인 타이밍으로
해석할 수 있는 사람은
문제를 이미 황금으로 바꾼 것이다.

17

문제가 발생하면
10% 정도만 문제에 집중하고
90%는 해결에 집중하라.

17

무엇보다 중요한 것은
자신의 걱정을 물리치는 능력이다.

16

해법을 얻고 싶다면 전문가에게 조언을 구하라.
단, 문제의 핵심만 간결하게 전달하라.
배경을 설명하고 이해를 구하면
해법은커녕 감정만 더 흔들릴 뿐이다.

JUNE

18

자유롭고자 한다면
불안을 이겨내야 한다.

JULY

15

누구에게나 문제는 있다.
많은 사람이 문제에 갇혀 있을 때
당신은 문제를 해결하는 사람이 되라.

JUNE

19

불안감이 밀려올 때
"무슨 일이 일어나도 상관없다. 나는 그것을
황금으로 바꿀 것이다"라고 말하라.
반복할수록 불안감은 점점 작아진다.

"

JULY

14

누구나 좌절하지 않을 수는 없지만,
좌절에 머무는 시간을
줄이는 법을 배울 수는 있다.

"

JUNE

20

자신의 문제들을 감당할 만큼
그릇이 큰 사람이
부자가 된다.

13

"

만약 당신의 그릇이
모든 문제를 견딜 만큼 크다면
무엇이 당신을 막을 수 있는가?
단언컨대, 그 무엇도
당신을 가로막지 못한다!

"

JUNE

21

아무 문제가 없으면 사람은 약해진다.
약한 사람에게는
작은 문제도 크게 보인다.

JULY

12

장담하건대,
노력에는 충분한 보상이 따른다.

22

성공한 사람들은
자신의 문제를 제압하고,
실패한 사람들은
자신의 문제에 제압당한다.

JULY

11

결코 쉽지 않은 상황을
해결하는 과정을 거쳐야만
성장할 수 있다.

23

오로지 목표에 집중하라.
목표가 있으면 흔들리지 않는다.

JULY

10

난관에 부딪힐 때마다
문제가 내게 묻는다고 상상하라.
'네 그릇의 크기는 충분한가?'
충분하면 현명하게 해결하고,
부족하면 문제를 통해 성장하면 된다.

JUNE

24

문제는 해결하기 어려운 것이 아니다.
감당할 수 있는 그릇이
작아 생기는 것이다.

9

성공하려면 다양한 문제와 마주쳐야 한다.
쉬운 상황을 기대하지 말고,
능력을 어떻게 키울 수 있을지 고민하라.

JUNE

25

그릇을 키워라.
문제의 크기는
당신의 그릇이 정한다.

JULY

8

문제가 발생하면 머물고 있는
편안한 환경에서 벗어나야 한다.
이 과정에서 아주 멋진 일들이 벌어진다.

JUNE

26

자신의 그릇을 키우는 길은 단 하나다.
문제를 성장의 발판이자
발전을 위한 조력자로 여기는 것이다.

7

그릇이 큰 사람은
주어진 새로운 과제를
문제로 보지 않는다.
이들이 바로 성숙한 사람이다.

JUNE

27

어떻게 삶을 변화시킬 수 있을까?
실패하는 사람은 문제만 보고,
성공하는 사람은
기회와 가능성을 함께 본다.

JULY

6

성공하는 사람은
어려움이 닥치길 기다리지 않는다.
새로운 도전을 하고, 문제를 해결하면
더 큰 문제를 찾아 나선다.

JUNE

28

사람은 문제를 통해 성장하고,
문제의 크기만큼
책임과 보상도 커진다.

JULY

5

어려움이 닥칠 때마다 회피하면
삶이 풍요롭고 아름다워지는 경험을
결코 하지 못하게 된다.

29

최종적인 성공이란 존재하지 않는다.
이제 아무 걱정 없을 것이라 생각하는 순간,
새로운 도전이 시작된다.

4

"
문제를 마주할 때
성공한 사람은 행동으로,
실패한 사람은 불평으로 반응한다.
"

JUNE

30

성공은 늘
일시적인 사건이며,
결코 지속되는 상태가 아니다.

JULY

3

고난은 성공으로 가는 길의 일부다.
성공을 원한다면
누구나 이 길을 지나가야 한다.

JULY

1

이전보다 한 차원 높은
문제를 해결하려면
스스로 강해져야 한다.

2

모든 위대한 승리 전에는
항상 위기가 있었다.
진정한 잠재력은 위기가 닥칠 때
비로소 분명하게 드러난다.